BEI GRIN MACHT SICH WISSEN BEZAHLT

- Wir veröffentlichen Ihre Hausarbeit,
  Bachelor- und Masterarbeit

- Ihr eigenes eBook und Buch -
  weltweit in allen wichtigen Shops

- Verdienen Sie an jedem Verkauf

Jetzt bei www.GRIN.com hochladen und kostenlos publizieren

Bibliografische Information der Deutschen Nationalbibliothek:

Die Deutsche Bibliothek verzeichnet diese Publikation in der Deutschen National-
bibliografie; detaillierte bibliografische Daten sind im Internet über http://dnb.d-
nb.de/ abrufbar.

Impressum:

Copyright © 2018 GRIN Verlag
Druck und Bindung: Books on Demand GmbH, Norderstedt Germany
ISBN: 9783668873407

Dieses Buch bei GRIN:

https://www.grin.com/document/457950

Julian Springer

Information Technology Infrastructure Library (ITIL) Framework. Theoretische Grundlagen und Anwendungs- beispiel anhand eines Unternehmens

GRIN Verlag

GRIN - Your knowledge has value

Der GRIN Verlag publiziert seit 1998 wissenschaftliche Arbeiten von Studenten, Hochschullehrern und anderen Akademikern als eBook und gedrucktes Buch. Die Verlagswebsite www.grin.com ist die ideale Plattform zur Veröffentlichung von Hausarbeiten, Abschlussarbeiten, wissenschaftlichen Aufsätzen, Dissertationen und Fachbüchern.

Besuchen Sie uns im Internet:

http://www.grin.com/

http://www.facebook.com/grincom

http://www.twitter.com/grin_com

FOM Hochschule für Ökonomie & Management Essen

Standort Stuttgart

Berufsbegleitender Studiengang

Wirtschaftsinformatik – Bachelor of Science (B.Sc)

4. Semester

Thema:

ITIL-Framework - Theoretische Grundlagen und Anwendungsbeispiel
anhand des Unternehmens Rabobank ICT

Autor: Springer, Julian

Abgabedatum: 31.07.2018

Inhaltsverzeichnis

Abkürzungsverzeichnis

CAB	Change Advisory Board
CI	Configuration Item
CMDB	Configuration Management Database
CSI	Continual Service Improvement
ITIL	Information Technology Infrastructure Library
ITSM	IT Service Management
KPI	Key Performance Indicator
OLA	Operation Level Agreement
RfC	Request for Change
SLA	Service Level Agreement
UML	Unified Modelling Language

Abbildungsverzeichnis

1 Einleitung

1.1 Problemstellung

Seit der Revolution des privaten Computers im Jahr 1980 ist die Wichtigkeit und der Einfluss des Computers im Alltagsleben immer unabdingbarer geworden. Die Technologie hat sich stetig weiterentwickelt und schon lange sind die Zeiten in denen der Computer noch groß und unhandlich war vorbei. Die Vorstellung, dass nur Experten im Bereich der Informatik, in geschlossenen Räumen an ihm arbeiten ist längst überholt. Der Einfluss der Technologie in der alltäglichen Arbeit und im geschäftlichen Umfeld ist so wichtig wie noch nie zuvor geworden. Die dahinterstehende Technologie ist für den Anwender aber nicht von Bedeutung. Dem Anwender hingegen sind benutzerfreundliche und funktionierende Prozesse wichtig. Es muss leicht verständlich und selbsterklärend sein. Bei einem Versand einer Email beispielsweise interessiert es den Kunden nicht wie genau die komplexen Prozesse, die dafür benötigt werden im Hintergrund aussehen wie z. B. die Software, Server, Switche, Router und Kabel. Die Erwartungshaltung ist, dass die E-Mail nach Absenden ankommt und dafür muss alles im Hintergrund gut miteinander harmonieren. Um diesen Anforderungen gerecht zu werden müssen die Prozesse optimal abgestimmt sein, zuverlässig laufen und selbsterklärend sein. Ein Ansatz für die Bewältigung dieser Herausforderung ist das ITIL Framework.[1]

1.2 Zielsetzung und Vorgehensweise

Im Rahmen dieser wissenschaftlichen Arbeit soll die Bedeutung des IT Service Managements (ITSM), welches sich auf die Begrifflichkeiten, Struktur und Prozesse von ITILv3 stützt, anhand von einem Fallbeispiel verdeutlicht werden. Insgesamt ist diese Arbeit in sechs Hauptkapitel untergliedert. In Kapitel 2 erfolgt die Einführung in ITIL. Diese beinhaltet die Definition und Geschichte, wichtige Begrifflichkeiten, die Zielsetzung von ITIL und die Stärken und Schwächen. In Folge dessen wird auf die Struktur, Prozesse und im ganz speziellen auf den ITIL Service Lebenszyklus in Kapitel 3 eingegangen. Das Fallbeispiel der Rabobank wird in Kapitel 4 erläutert. Eine Zusammenfassung und Fazit erfolgen in Kapitel 5. Im letzten Kapitel 6 wird ein Ausblick in die Zukunft gegeben.

---

[1] Vgl. Persse, J. (2016), S. 7–8.

2 Einführung in ITIL

2.1 Definition und Geschichte

ITIL ist eine Abkürzung, welche für Information Technology Infrastructure Library steht. ITIL beinhaltet eine Reihe von Büchern die sich auf ITSM fokussieren. Es ist jedoch keine theoretische Sicht auf das Thema wie IT Services professionell aufgesetzt werden, sondern vielmehr eine Sammlung von Veröffentlichungen für Best Practices. Diese Bücher beinhalten eine Sammlung von Best Practices, die unter Anleitung von IT-Profis aus unterschiedlichen Branchen entstanden sind.[2] Die ersten Veröffentlichungen waren zwischen 1989 und 1995. ITIL unterstreicht die Herangehensweise an die Qualitätsmanagementstandards und unterstützt Qualitätssysteme wie ISO 9000. Seit der Version 2 ist ITIL der weltweite Standard für ITSM. Dies ist nicht nur an der hohen Anzahl der Teilnehmer an ITIL Zertifizierungskursen zu begründen, sondern auch an der Anpassung vom British Standards Institute. Die aktuelle ITIL Version und heutiger Standard ist ITILv3, in der noch einige Prozesse dazugekommen sind und die Struktur angepasst worden ist.[3]

2.2 Wichtige Begriffe

Vorab erst einmal die Klärung einiger wichtiger Begriffe, welche auch noch in den späteren Kapiteln und Abschnitten relevant sein werden.

2.2.1 Was ist ein Service?

Die Definition des Service laut ITIL: „Eine Möglichkeit, einen Mehrwert für Kunden zu erbringen, indem das Erreichen der von den Kunden angestrebten Ergebnisse erleichtert oder gefördert wird. Dabei müssen die Kunden selbst keine Verantwortung für bestimmte Kosten und Risiken tragen."[4] Ein Service sollte in Quantität und Qualität messbar sein. Dies wird bei ITIL in den SLAs (Service Level Agreements) festgehalten.[5]

[2] Vgl. Stationery Office (2010), S. 13–14.
[3] Vgl. Kaiser, A. (2016), S. 2–4.
[4] Best L., Hinrichs B. (2013), S. 116.
[5] Vgl. ITIL.org (o. J.h)

3

2.2.2 Was sind KPIs?

KPIs sind aussagekräftige Kennzahlen über die Qualifizierung und Quantifizierung mit direktem Bezug auf einen ITIL-Prozess. Es muss die Effektivität, Wirtschaftlichkeit und Effizienz bei Auswahl der KPIs sichergestellt werden. Dadurch lassen sich branchenweite Vergleiche in Bezug auf die Leistungsfähigkeit eines Prozesses herstellen.[6]

2.2.3 Was ist ein Prozess?

Ein Prozess ist eine strukturierte Kombination von zusammenhängenden Aktivitäten, der durch eine bestimmte Menge von Eingaben, einen wertschöpfenden Beitrag erzielt. Der Prozessverlauf kann durch Steuergrößen beeinflusst werden, welche selbst wieder eigene Prozesse sein können. Durch Key Performance Indicator (KPI) lässt sich die Performance eines Prozesses messen und mit ähnlichen Prozessen anderer Unternehmen vergleichen.[7]

2.2.4 Was ist eine CMDB?

Configuration Management Database (CMDB) ist eine Datenbank, welche der Verwaltung von Configuration Items (CI) dient. Als CI werden alle Betriebsmittel der IT bezeichnet. CMDB speichert verschiedene Konfigurationsdaten in Beziehung zueinander z. B. können dadurch alle Server, die einen bestimmten Service beanspruchen, abgerufen werden.[8]

2.2.5 Was sind Best Practices?

Best Practices sind anerkannte, ausgereifte und standardisierte Prozesse, welche sich in der Praxis bewährt haben. An diesen kann sich eine Firma orientieren, damit sie bereits an einem gewissen Leistungsniveau anknüpfen kann.[9]

2.3 Zielsetzung von ITIL

Das Ziel von ITIL ist es ein konsistentes und flexibles Best Practices Rahmenwerk für ITSM bereitzustellen. Das Rahmenwerk sollte für alle IT Umgebungen anpassbar sein. Zudem stellt ITIL sicher, dass es ein standardisiertes Vokabular eingehend mit Plattform

---

[6] Vgl. Maute, C. (2009), S. 3–4.
[7] Vgl. ITIL.org (o. J.d)
[8] Vgl. Reiss, M., Reiss, G. (2009), S. 112–113.
[9] Vgl. BSI (2015), S. 4–5.

4

unabhängigen Prozessen gibt.[10] Es hat sich außerdem zum Ziel gemacht, dass ITSM Prozesse gewinnbringend für den Kunden als auch den Lieferanten sein müssen, da sie den Geschäftsprozessen unterliegen.[11]

2.4 Stärken und Schwächen von ITIL

Die besonderen Stärken von ITIL sind vor allem die hohe Transparenz, Planbarkeit und Bewertbarkeit des ITSMs. Es ist ein umfassendes Rahmenwerk indem genaustens beschrieben wird, welche Prozesse notwendig sind, um erfolgreich auf die Geschäftsziele hinzuarbeiten. Es stellt eine Reihe von bewährten- und praxisorientierten Standards zur Verfügung. Nichtsdestotrotz lässt es weiterhin Spielraum für individuelle Implementierungen des Unternehmens. Dadurch kann das Unternehmen weiterhin flexibel agieren und dennoch von den langjährigen Erfahrungen der ITIL Nutzer profitieren. Weiterhin sind Verantwortlichkeiten und SLAs klar geregelt, was zu mehr Verbindlichkeit gegenüber Anforderungen bzw. Vereinbarungen führt. Durch den Einsatz von KPIs lassen sich Services und Prozesse objektiv messen. Dadurch wird das Verbesserungspotenzial sichtbar. Bei der richtigen und sinnvollen Umsetzung der genannten Punkte ergeben sich Chancen für ein effizientes ITSM.

Eine Schwäche von ITIL ist in vielen Augen der Anwender, dass keine konkrete Erklärung vorhanden ist wie die Prozesse im Unternehmen implementiert werden. Dies ist zum Teil aber auch so gewollt, da es nicht möglich ist eine generelle Aussage über die Implementierung im Unternehmen vorzunehmen. Zudem hat jedes Unternehmen unterschiedliche Voraussetzungen und Ziele. Auch die Hauptbestandteile von ITIL weisen einen unterschiedlichen Reifegrad auf. So wird der Fokus eher auf den IT-Bereich gelegt und nur sehr wenig auf die Softwareentwicklung, denn zum Beispiel Modelle wie UML (Unified Modelling Language) findet man überhaupt nicht.[12]

3 Struktur und Prozesse

Die ITIL Phasen werden anhand von fünf ITIL-Publikationen festgehalten. Diese stellen die fünf Service Lebenszyklusphasen dar wie in Abbildung 1 zu sehen.[13]

---

[10] Vgl. ITIL Foundation (2018)
[11] Vgl. Stationery Office (2010), S. 13.
[12] Vgl. BSI (2015), S. 8–9.
[13] Vgl. Hofmann, J., Schmidt, W. (2010), S. 124.

Abbildung 1: Der ITILv3 Service Lebenszyklus

Quelle: http://www.theonlinemanager.se/itil/tva-myter-om-itil/

Jede der fünf Phasen lässt sich in weitere Prozesse unterteilen, auf die im Folgenden näher eingegangen wird.[14]

3.1 Service Strategie

Service Strategie beschäftigt sich mit der Ausarbeitung einer Strategie für IT-Services und für das ITSM. Sie dient dabei als Ausgangslage für die anderen Prozesskategorien und legt die Ausrichtung und Strategie für alle weiteren Prozesse fest. Ein Teil davon ist die Festlegung von Zielen und die Analyse von bevorstehenden Chancen. Das Hauptaugenmerk wird dabei auf folgende Punkte gelegt:

- Auf welchen Markt oder Märkten soll agiert werden?
- Auf welche Gebiete soll sich konzentriert werden?
- Die Festlegung des Service Portfolios sowie des Service Katalogs.
- Vorbereitungen auf die Ausführung von z. B. kaufmännischer Bewertung und Prioritätenfestlegung.[15]

---

[14] Vgl. Stationery Office (2010), S. 14.
[15] Vgl. Beims, M., Ziegenbein, M. (2015), S. 31–34.

3.1.1 Service Portfolio Management

Der Service Portfolio Management Prozess beschäftigt sich mit der Frage, welche Services angeboten werden und welche nicht. Daraus ergibt sich welche Ressourcen eingeplant werden müssen. Bei der Festlegung helfen folgende Fragen:

- Warum soll ein Kunde diesen Service kaufen?
- Was ist der Mehrwert des Service für den Kunden?
- Warum soll der Kunden den Service bei uns kaufen?
- Wie gestaltet sich der Preis für den Service?
- Was sind unsere Stärken?
- Was sind unsere Schwächen?
- Wo liegen unsere Chancen?
- Wo liegen die Risiken?
- Wie sollen die eigenen Ressourcen eingesetzt werden, um einen Mehrwert zu erzielen?

Dies sind entscheidende Fragestellungen, die bei intensiver und gewissenhafter Diskussion bzw. Beantwortung der Beteiligten eine solide Grundlage für die weiteren Phasen der Serviceentwicklung darstellen.[16]

3.1.2 Demand Management

Der Demand Management Prozess reagiert auf neue Anforderungen bzw. geänderte Anforderungen im Geschäftsbetrieb der Anwender. Es ist ein kritischer Prozess innerhalb der Service Strategie Phase, da es zu einem Risiko für den Service Provider werden kann, wenn er sich nicht rechtzeitig auf den Service Bedarf einstellen kann. Es muss genau geplant werden, denn zu viel ungenutzte Ressourcen führen zu hohen Kosten und bei fehlenden Kapazitäten kann ein geplantes Wachstum nicht termingerecht fertiggestellt werden, welches direkten Einfluss auf den Kunden hat.[17]

---

[16] Vgl. ITIL.org (o. J.g)
[17] Vgl. Iqbal, M., Nieves, M. (2007), S. 119–123.

3.1.3 Financial Management

Der Financial Management Prozess sorgt dafür, dass IT-Services zu wirtschaftlichen Bedingungen angeboten werden können. Um dieses Ziel zu erreichen wird eine Budgetpla-
nung erstellt. Es wird eine genaue Kostenzuordnung zu den Services, Kunden und Aktivitäten erstellt um eine detaillierte Leistungsverrechnung zu erhalten. Das minimalis-
tischste Ziel ist hierbei die Kostendeckung. Durch diesen Prozess wird eine transparente
Kostensicht über alle Abläufe in der IT Service Organisation aufgestellt. Darauf können
nun Investitionsentscheidung für einzelne Services getätigt werden.[18]

3.2 Service Design

Service Design betrachtet die Kernprozesse und stellt dabei sicher, dass sowohl die technischen als auch die wirtschaftlichen Anforderungen der Organisation mit einbezogen
werden. Es kann durch eine neue Anforderung eines Kunden ausgelöst werden. Dadurch
wird das Design geändert und als neue Spezifikation an die Service Transition übergeben,
welche diese Änderung testet, evaluiert und anwendet.[19]

3.2.1 Service Catalogue Management

Der Service Catalogue Management Prozess sorgt für die Bereitstellung der notwendigen
Informationen und die Richtigkeit der Inhalte des Service Katalogs. Es gibt eine Tren-
nung zwischen dem Business Service Katalog und dem technischen Service Katalog wie
in Abbildung 2 dargestellt.

---

[18] Vgl. ITIL.org (o. J.a)
[19] Vgl. Persse, J. (2016), S. 12–14.

Abbildung 2: Aufbau des Servicekatalogs

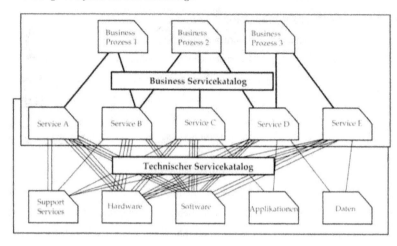

Quelle: Buchsein, R., et al. (2008), S. 31.

Der Business Service Katalog beinhaltet für den Kunden wahrgenommene Services, welche anhand von SLAs festgeschrieben sind. Hingegen ist der technische Service Katalog für die internen IT Kunden auf Betriebsebene gedacht. Dieser ist anhand von Operation Level Agreements (OLAs) definiert.[20]

3.2.2 Service Level Management

Der Service Level Management Prozess hat die zentrale Funktion die Anforderungen der Kunden mit den wirtschaftlichen vertretbaren Möglichkeiten der IT in Einklang zu bringen. Eine weitere Aufgabe ist es die aktuellen Services im Punkt Qualität zu verbessern. Dabei werden mit dem Kunden zusammen Parameter mit klar messbaren Zielen ausgehandelt und in SLAs festgelegt. Anschließend wird darauf geachtet, dass die festgelegten Parameter eingehalten und überprüft werden. Die Überprüfung wird nicht nur einmalig durchgeführt, sondern zu einem festgelegten Intervall erneut wiederholt.[21]

---

[20] Vgl. ITIL.org (o. J.f)
[21] Vgl. Lloyd, V., Rudd, C., Taylor, S. (2010), S. 67–75.

3.2.3 Capacity Management

Der Capacity Management Prozess sorgt für eine bestmögliche wirtschaftliche und termingerechte Ausnutzung der Ressourcen, um die vereinbarten SLAs zu erfüllen. Unter Ressourcen sind nicht nur Hardware und Software zu verstehen, sondern auch Human Ressources, wenn diese für den IT Service Betrieb notwendig sind. Bei der Festlegung von Ressourcen stellt die Unternehmensstrategie die Grundlage dar.[22]

3.2.4 Availability Management

Der Availability Management Prozess ist verantwortlich dafür, die IT-Systeme so zu optimieren, dass ein gewünschtes Niveau an Verfügbarkeit zu einer geeigneten Kosten- und Nutzenrelation angeboten werden kann. Hierbei wird die Kundensicht und die technische Sicht betrachtet, um geeignete Maßnahmen festzulegen. Es wird deshalb nicht nur die Infrastruktur selbst, sondern auch die Wartungsverträge mit Partner angeschaut, damit diese Verfügbarkeit überhaupt sichergestellt werden kann.[23]

3.2.5 IT Service Continuity Management

Dieser Prozess legt Wert auf Prävention, um im Fall einer Service Störung oder gar eines Service Ausfalls bestmöglich gerüstet zu sein. Um die Wahrscheinlichkeit und das Ausmaß des Schadens zu minimieren, werden vorbeugende Maßnahmen getroffen. Diese Maßnahmen helfen im Katastrophenfall die IT Infrastruktur in der erforderlichen Zeit wiederherzustellen und die Services selbst unter diesen Bedingungen weiterhin aufrecht zu erhalten, damit der Kunde keine Einschränkungen hat. Diese Pläne werden mit Hilfe von Planspielen verifiziert. Es werden dann Vorgaben entwickelt die in das Service Design mit einfließen.[24]

3.2.6 Information Security Management

Im Information Security Management Prozess wird dafür gesorgt, dass die Schutzziele d. h. Authentizität, Verfügbarkeit, Vertraulichkeit, Integrität und Nachweisbarkeit von Daten und Services eingehalten werden. Zudem wird eine umfassende Security Strategie

[22] Vgl. Lloyd, V., Rudd, C., Taylor, S. (2010), S. 80–89.
[23] Vgl. Lloyd, V., Rudd, C., Taylor, S. (2010), S. 102–113.
[24] Vgl. Lloyd, V., Rudd, C., Taylor, S. (2010), S. 125–138.

definiert, sowie die Security Maßnahmen in der Organisation positioniert, damit die Geschäftsziele erreicht werden.[25]

3.2.7 Supplier Management

Der Supplier Management Prozess beschäftigt sich mit den Einkaufsaktivitäten von IT-Waren, Dienstleistungen, Maschinen und Wartungsverträgen. Dort werden die gesamten Aktivitäten zentral zusammengefasst und geregelt. Es wird auch entschieden wie Lieferanten in das Unternehmen integriert werden z. B. ob es sinnvoll ist große Lieferanten mehr zu integrieren als kleine Lieferanten, welche nicht so oft benötigt werden.[26]

3.3 Service Transition

Ziel der Service Transition Phase ist es die Anforderungen der Service Strategie, welche in der Service Design Phase konzipiert wurden umzusetzen und in den laufenden Betrieb zu überführen. Zudem das Risiko eines Fehlers oder Serviceausfalles in der Umsetzung zu identifizieren und zu minimieren. Es müssen Kosten, Qualität und Zeit bei der Umsetzung eingehalten werden.[27]

3.3.1 Change Management

Der Change Management Prozess hat es sich zur Aufgabe gemacht, Änderung hinsichtlich Termin und Wirtschaftlichkeit sicher durchzuführen. Die Risikominimierung solcher Änderungen wird durch die Verwendung von standardisierten Methoden erreicht. Es ist wichtig, dass freigegebene Änderungen effektiv und mit möglichst minimaler Ausfallzeit, für den Service Anwender, implementiert werden. Changes können sowohl proaktiv als auch reaktiv sein. Mit proaktiv sind z. B. geschäftliche Vorteile wie Kostenreduzierung, Verbesserungen von Dienstleitungen oder die Erhöhung und Einfachheit des Supports gemeint. Unter reaktiv wird die Fehlerbehebung und Anpassung an dringende Veränderungsumstände verstanden.[28]

---

[25] Vgl. ITIL.org (o. J.b)
[26] Vgl. Lloyd, V., Rudd, C., Taylor, S. (2010), S. 152–157.
[27] Vgl. Office of Government Commerce (2010), S. 76–77.
[28] Vgl. Lacy, S., Macfarlane, I., Taylor, S. (2010), S. 45–50.

3.3.2 Service Asset and Configuration Management

Das Ziel dieses Prozesses ist es stets ein aktuelles Abbild der realen IT-Service bis auf CI Ebene in der CMDB zur Verfügung zu stellen. Zudem sollen auch historische und geplante Veröffentlichungsstände gespeichert werden. Aus diesem Modell können nun Probleme die bei Änderungen passieren analysiert werden und Einschätzungen zum Änderungsrisiko gemacht werden, da alle Abhängigkeiten der jeweiligen CI in der CMDB erkennbar sind.[29]

3.3.3 Release and Deployment Management

Die Aufgabe des Release and Deployment Management Prozesses ist es die übergebenen Änderungen des Change Management Prozesses zu prüfen und zu testen. Danach die Änderung ggf. zu autorisieren und zur Implementierung freizugeben. Zur Implementierung werden die autorisierten Änderungen nur gebündelt freigegeben, da die damit verbundenen Risiken und Aufwände so minimiert werden können.[30]

3.3.4 Knowledge Management

Um qualitativ hochwertige Services bereitzustellen bedarf es Mitarbeitern mit Wissen und Fähigkeiten. Wissen besteht dabei aus Daten und Informationen, welche erst bei Verdichtung einen Mehrwert für den Anwender bringen. Zudem braucht es Erfahrungen aus der Praxis. Mit Hilfe des Knowledge Management Prozesses soll dieses Fachwissen für alle beteiligten Service Mitarbeiter aufgebaut und zu jeder Zeit zur Verfügung stehen. Das Knowledge Management basiert auf den Daten und Informationen aus der CMDB.[31]

3.4 Service Operation

Der nächste Lebenszyklus ist Service Operation, welches den Betrieb der Services gemäß vereinbarter Service Levels sicherstellt. Es erbringt den geforderten Wertbeitrag für den Kunden. Ziel ist das Koordinieren und Ausführen von Prozessen, welche benötigt werden, um die Services an den Kunden zu liefern. Service Operation ist auch für die Technologie selbst, die benötigt wird, um Services bereitzustellen verantwortlich. Dieser Lebenszyklus ist für den Kunden der Wichtigste, da aus seiner Sicht hier der Mehrwert für

---

[29] Vgl. Lacy, S., Macfarlane, I., Taylor, S. (2010), S. 65–69.
[30] Vgl. ITIL.org (o. J.e)
[31] Vgl. Lacy, S., Macfarlane, I., Taylor, S. (2010), S. 145–151.

12

ihn erbracht wird. Es umfasst das Event Management, Incident Management, Request Fulfilment, Problem Management und Access Management.[32]

3.4.1 Event Management

Die Aufgabe des Event Management Prozesses ist es die IT zu überwachen und bei Statusänderungen (Events), die für Services relevant sind, einen voreingestellten Alarm auszulösen bzw. eine definierte Gegenmaßnahme direkt einzuleiten. Ein Event kann auch eine Fehlermeldung sein, welche nicht direkt behoben werden kann. Hierbei ist es aber wichtig, dass auch in solchen Fällen pro aktiv reagiert wird und mögliche Maßnahmen erkannt werden, damit der Service Anwender keine Störung erfährt. Wichtig ist es deshalb zwischen normalen und kritischen fehlerhaften Verhalten der Systemkomponenten zu unterscheiden.[33]

3.4.2 Incident Management

Der Incident Management Prozess ist dafür entworfen worden, um den normalen Service Betrieb bei einem Vorfall bzw. einer Unterbrechung so schnell wie möglich wiederherzustellen und dabei die Auswirkungen auf den Service Anwender so gering wie möglich zu halten. Ein Incident ist hierbei eine nicht geplante Unterbrechung oder eine Qualitätsminderung eines IT Service. Er ist dreistufig ausgelegt als First-, Second- und Third Level Support. Für den Incident Management Prozess werden auch KPIs generiert, um die Reaktionszeiten, Unterbrechungszeiten und Fehlerbehebungszeiten zu messen und zu verbessern.[34]

3.4.3 Request Fulfilment

Eine Anfrage wird von einem Anwender gestellt, wenn er bspw. eine weitere System Rolle beantragen lassen möchte. Solche Anfragen sind wiederkehrend und kommen häufiger vor, deshalb gibt es dafür ein standardisiertes Verfahren. Meistens werden solche Anfragen automatisiert als Standard Change abgehandelt, wenn dies nicht der Fall ist dann anlog zum Incident. Hierbei muss aber unterschieden werden, dass ein Incident ein unvorhergesehenes Ereignis ist und ein Service Request schon eher planbar ist. Daher

---

[32] Vgl. Ebel, N. (2015), S. 854–857.
[33] Vgl. Lloyd, V., Rudd, C., Taylor, S. (2010), S. 36–46.
[34] Vgl. Lloyd, V., Rudd, C., Taylor, S. (2010), S. 46–52.

liegt es im Auge des Betrachters bzw. des Unternehmens wie mit solch einem Service Request umgegangen werden soll.[35]

3.4.4 Problem Management

Die Aufgabe ist es Fehler im System zu analysieren und so schnell wie möglich die Ursache zu finden bzw. zu beseitigen, damit der betroffene Service so wenig wie möglich beeinträchtigt wird. Viele Probleme sind einzigartig, weshalb ein individuelles Handling von Nöten ist. Zudem stellt das Problem Management weitere Informationen zum Problem und Workarounds zur Verfügung, damit die Service Anwender nicht komplett beeinträchtigt sind. Das Problem Management hat eine Verknüpfung zur Wissensdatenbank, um eine schnellstmögliche Lösung zu finden.[36]

3.4.5 Access Management

Dieser Prozess sorgt dafür, dass Zugriff auf Daten nur für autorisierte und authentifizierte Anwender gestattet ist. Es beschäftigt sich auch mit der Protokollierung von Zugriffen und der laufenden Überprüfung von Zugriffsrechten der Service Anwender. Falls ein Anwender einen weiteren Zugriff benötigt wird dieser über das Request Fulfilment initiiert. Vollumfänglich wird sichergestellt, dass die Vertraulichkeit und Integrität der Unternehmensdaten gewährleistet ist.[37]

3.5 Continual Service Improvement

Die fünfte Phase ist der Continual Service Improvement (CSI). Er befasst sich mit dem Verbessern des gesamten Service Lifecycles. Grundlegend dafür ist das Konzept des Messens. CSI nutzt dafür den 7 Stufen Verbesserungsprozess wie in Abbildung 3 dargestellt. Durch diesen Prozess kann jeder andere Prozess stetig überwacht und verbessert werden.

---

[35] Vgl. Lloyd, V., Rudd, C., Taylor, S. (2010), S. 55–58.
[36] Vgl. ITIL.org (o. J.c)
[37] Vgl. Lloyd, V., Rudd, C., Taylor, S. (2010), S. 68–71.

Abbildung 3: 7-Step Improvement Prozess

Quelle: Beims, M., Ziegenbein, M. (2015), S. 63.

Die 7 Stufen umfassen folgende Schritte:

- Stufe 1: Identifizieren der Geschäftsstrategie
- Stufe 2: Definiere, was gemessen werden kann
- Stufe 3: Sammeln der Daten bzw. messen
- Stufe 4: Bereite die Daten auf
- Stufe 5: Analyse der Daten
- Stufe 6: Präsentation und Umsetzung der Ergebnisse
- Stufe 7: Planung und Umsetzung korrigierender Aktionen

Das Ziel des CSI ist es das Unternehmen Schritt für Schritt auf operativer, taktischer und strategischer Ebene zu verbessern.[38]

4 Anwendungsbeispiel Rabobank ICT

Wie bei jedem Unternehmen muss auch die Rabobank eine immer höhere Anzahl von Software Neuerungen immer schneller implementieren. Diese Implementierungen werden über geplante Changes eingeführt. Die Herausforderung besteht darin die Arbeitslast beim Service Desk und der Service Operation möglichst klein zu halten. Dafür müssen Methoden, Techniken und Vorhersagemodelle entwickelt werden. Sie haben sich deshalb

---

[38] Vgl. Great Britain. Office of Government Commerce (2007), S. 43–55.

am ITIL Framework orientiert. Die Rabobank hat drei Prozesse im Einsatz, die für Störungsmeldungen und Änderungen bestimmt sind. Dies sind das Interaction Management, Incident- und Change-Management.[39]

4.1 Prozesse bei der Rabobank

4.1.1 Interaction Management

Der Interaction Management ist bei der Rabobank ein separater Prozess, den es in ITIL so nicht gibt und der losgelöst vom Incident Management ist. Es werden Anrufe und E-Mails von internen Kollegen, die sich beim Service Desk wegen Serviceausfällen melden, protokolliert. Dieses Protokoll bzw. die Aufnahme der Störungsmeldung wird dem betreffenden CI zugeordnet. Der Service Desk Angestellte kann die Störungsmeldung entweder direkt beheben oder legt einen Incident an, der an die betreffende Gruppe zugewiesen wird. Die Gruppe hat mehr technisches Wissen um die Störung zu beheben. Falls mehrere gleiche Störungsmeldungen beim Service Desk eingehen, kann der Mitarbeiter selbst entscheiden, ob er diese zu einem Incident zusammenfasst. Weitere Aktivitäten, die benötigt werden um die Servicestörung zu beheben, werden im Incident protokolliert.[40]

4.1.2 Incident Management

Der Incident Management Prozess sieht bei der Rabobank wie folgt aus. Ein Incident wird zuerst basierend auf dem geschätzten Ausmaß und deren Dringlichkeit durch einen Service Desk Mitarbeiter priorisiert. Diesem Incident wird zusätzlich eine Frist zugewiesen, in der die Service Unterbrechung behoben werden muss. Ein Mitarbeiter innerhalb der Gruppe ordnet dann den Incident der zuständigen Abteilung zu. Ein Kollege behebt dann entweder das Problem des Kunden oder weißt den Vorfall einem anderen Kollegen zu, wenn weiteres Wissen für die Problemlösung benötigt wird. Nach Lösungsfindung verknüpft der bearbeitende Kollege den Incident mit einem CI, welcher die Serviceunterbrechung verursacht hat. Nach dem Schließen des Incidents erhält der Kunde eine E-Mail, um ihn darüber zu informieren, dass das Problem behoben ist.[41]

---

[39] Vgl. Thaler T., et al. (2014), S. 1–2.
[40] Vgl. Thaler T., et al. (2014), S. 3.
[41] Vgl. Thaler T., et al. (2014), S. 4.

4.1.3 Change Management

Der Change Management Prozess gestaltet sich bei der Rabobank wie folgt. Wenn bestimmte Serviceunterbrechungen häufiger als gewöhnlich auftreten, wird eine Problemuntersuchung gestartet. Dies führt zu einer Analyse aus der ein Verbesserungsplan erstellt wird, damit sich solche Serviceunterbrechungen nicht wiederholen. Der Verbesserungsplan führt zu einem Request for Change (RfC) auf das verursachende CI. Alle CIs sind mit Services verlinkt. Es wird eine Risikoanalyse von dem jeweiligen Mitarbeiter durchgeführt bevor der Change in Kraft tritt.[42]

4.2 Prozessvergleich zu ITIL

4.2.1 Interaction- und Incident Management vs ITIL Incident Management

Die Rabobank unterscheidet zusätzlich zum ITIL-Standard zwischen Interactions und Incidents, wobei eine Interaction ein Vorzustand eines Incidents sein kann oder auch ein Incident mit speziellen Eigenschaften. Falls eine Interaction direkt durch einen Service Mitarbeiter gelöst werden kann ist es nicht mehr notwendig einen Incident dafür zu erstellen. In allen anderen Fällen ist es aber verpflichtend.[43] Die Interaction kann somit als erster Kontaktpunkt des Kunden in der ITIL-Terminologie bezeichnet werden. Wenn ein Incident erstellt wurde wird er durch einen Service Mitarbeiter gelöst oder falls tieferes technisches Wissen benötigt wird an die zuständige Gruppe zugewiesen. Falls es nun von Nöten ist eine Änderung in das System auszurollen, wird ein Change erstellt. Ferner wird noch ein Workaround oder eine Lösung für das Problem bereitgestellt und dann der Incident geschlossen. Andernfalls bleibt der Incident weiterhin offen und ein Problem wird angelegt. Folglich entsprechen die gegebenen Prozesse für Interaction Management und Incident Management dem ITIL Incident Management.[44]

4.2.2 Rabobank Change Management vs ITIL Change Management

Die ITIL Literatur besagt das Changes entweder aus proaktiven- oder reaktiven Gründen entstehen wie in Abschnitt 3.3.1 Change Management genauer beschrieben. Die im Fall-

---

[42] Vgl. Thaler T., et al. (2014), S. 4.
[43] Vgl. Thaler T., et al. (2014), S. 11.
[44] Vgl. Thaler T., et al. (2014), S. 7.

beispiel bereitgestellten Daten scheinen nur reaktiv zu sein, da alle erstellen Changes entweder einen Verweis auf Interactions, Incidents oder etwa Problems aufweisen. Nachdem der Change dann akzeptiert und autorisiert wurde, wird er klassifiziert und priorisiert, um zu entscheiden ob es sich bspw. um eine Notfalländerung handelt. Normalerweise handelt es sich um einen Standard Change, welcher eine Änderung am Service oder der Infrastruktur vorsieht. Standard Changes sind Fälle die nur einmalig autorisiert werden müssen. Jeder weitere Standard Change, der in den Anwendungsfall passt, kann somit ohne weitere Genehmigung durchgeführt werden. Im Fallbeispiel müssen jedoch alle Changes durch ein Change Advisory Board (CAB) genehmigt werden. Dies führt dazu, dass Änderungen nicht sofort eingespielt werden können, sondern immer einer gewissen Wartezeit unterliegen und somit die Serviceunterbrechung länger andauert. Das Fallbeispiel zeigt jedoch, dass sich in aller Regel an den ITIL-Standard gehalten wird, obwohl noch Anpassungen vorgenommen werden können, damit die Serviceunterbrechungszyklen kürzer ausfallen.[45]

4.3 Steigerungsmöglichkeiten

Damit die anfallende Arbeitslast beim Service Desk und Service Operation verringert werden kann, können folgende Verbesserungen nach ITIL vorgenommen werden:

- Täglich immer wiederkehrenden Aufgaben wie z. B. Anfragen um das Passwort zurückzusetzen. Es kann ein Webformular erstellt werden indem der Anwender selbst die notwendigen Informationen eingibt und der Task dann beim Absenden des Formulars automatisch provisioniert wird.

- Nicht alle Changes müssen durch ein CAB genehmigt werden. Es sollten Standard Changes nach ITIL definiert werden, welche einmalig durch ein CAB genehmigt werden und somit zukünftig direkt ausgeführt werden können. Dies führt zu einer kürzeren Dauer der Serviceunterbrechung und weniger Arbeitslast bei allen Beteiligten.

- Zudem sollten auch proaktive Changes durchgeführt werden, um die Servicequalität bereits im Voraus zu verbessern und nicht erst zu warten bis es eine Störungsmeldung gibt, um dann aktiv zu werden.

---

[45] Vgl. Thaler T., et al. (2014), S. 7–11.

Durch die genannten Verbesserungen werden neue Kapazitäten frei, die sinnvoll für proaktive Maßnahmen in Bezug auf Servicequalität und ITIL-Standards genutzt werden können. Die Qualität des Service und die Kundenzufriedenheit werden dadurch gesteigert.[46]

5 Zusammenfassung und Fazit

Es wurde verdeutlicht, dass die Umsetzung der ITIL Best Practices sinnvoll ist und dem
Unternehmen einen gewinnbringenden Beitrag bietet. Von der Einführung in ITIL, über
die Strukturen und Prozesse bis hin zu dem Praxisbeispiel der Rabobank wurden alle notwendigen Kenntnisse vermittelt. Es hat sich herauskristallisiert, dass die Rabobank hinsichtlich ITSM auf einem guten Weg ist, aber dennoch Steigerungsmöglichkeiten auf-
weist. ITSM ist kein statischer Prozess, welcher einmalig entworfen wird, sondern es flie-
ßen viele Einflussfaktoren wie Kundenfeedback, Änderungen der Technologie oder Anpassungen der Prozesse mit ein. Dies macht es zu einem lebendigen Prozess der durch
den fünften Lebenszyklus, dem Continual Service Improvement, stetig weiterentwickelt
und verbessert wird. Der Kunde sollte einen ausgereiften, zuverlässigen und schnellen
Prozess nutzen können, damit er das erhält was er sich von einem Dienstleister wünscht,
denn der Kunde ist König.

6 Ausblick

Axelos arbeitet derzeit mit einer Gruppe von Entwicklern an der Version ITIL 4. In diese
Version sollten weitere Erfahrungen aus der Praxis mit einfließen, damit ein noch besse-
res ITSM erreicht werden kann, denn die Erwartungen des Kunden werden zunehmend
höher. Forscher haben auch bestätigt das ITIL weiterhin der Standard für ITSM in der
Industrie bleibt. Daher wird der Kern des ITIL Frameworks bestehen bleiben. Es wird
keine grundlegenden Änderungen geben, sondern vielmehr praktische Tipps wie eine IT
Service Strategie auf sein eigenes Unternehmen zugeschnitten und implementiert werden
kann.[47]

---

[46] Vgl. Thaler T., et al. (2014), S. 28–30.
[47] Vgl. Axelos (o. J.)

Literatur- und Internetverzeichnis

Literaturverzeichnis

Beims, M., Ziegenbein, M. (2015): IT-Service-Management in der Praxis mit ITIL®, 4 Aufl., München: Hanser, 2015.

Ebel, N. (2015): Basiswissen ITIL 2011 Edition, 1 Aufl., Heidelberg: dpunkt-Verl., 2015.

Great Britain. Office of Government Commerce (2007): Continual service improvement, London: Stationery Office, 2007.

Hofmann, J., Schmidt, W. (2010): Masterkurs IT-Management, Wiesbaden: Vieweg+Teubner, 2010.

Iqbal, M., Nieves, M. (2007): Service strategy (SS), London: TSO (The Stationery Office), 2007.

Kaiser, A. (2016): Become ITIL Foundation Certified in 7 Days, New York: Apress, 2016.

Lacy, S., Macfarlane, I., Taylor, S. (2010): ITIL service transition, 3 Aufl., London: TSO, 2010.

Lloyd, V., Rudd, C., Taylor, S. (2010): ITIL service design, 3 Aufl., London: TSO, 2010.

Maute, C. (2009): Zur Rolle und Nutzen von Key Performance Indicators (KPI), München: GRIN Verlag, 2009.

Office of Government Commerce (2010): Introduction to the ITIL service lifecycle, London: Stationery Office, 2010.

Persse, J. (2016): The ITIL Process Manual, Zaltbommel, Niederlande: Van Haren Publishing, 2016.

Reiss, M., Reiss, G. (2009): Praxisbuch IT-Dokumentation, Hallbergmoos: Pearson Deutschland, 2009.

Stationery Office (2010): Agile project and service management, London: Stationery Office, 2010.

Internetverzeichnis

Axelos (o. J.): ITIL Update. URL: https://www.axelos.com/itil-update, Abruf am 30.07.2018.

Best L., Hinrichs B. (2013): Glossar und Abkürzungen. URL: https://www.axelos.com/Corporate/media/Files/Glossaries/ITIL_2011_Glossary_DE-v1-2.pdf, Abruf am 16.07.2018.

BSI (2015): ITIL und Informationssicherheit. URL: https://www.bsi.bund.de/SharedDocs/Downloads/DE/BSI/Publikationen/Studien/ITIL/itil_pdf.pdf, Abruf am 29.07.2018.

ITIL Foundation (2018): ITIL Objectives | ITIL Foundation. URL: https://www.greycampus.com/opencampus/itil-foundation/itil-objectives, Abruf am 15.07.2018.

ITIL.org (o. J.a): Financial Management for IT Services. URL: http://os.itil.org/de/vomkennen/itil/servicestrategy/ssprozesse/finmanagementforit.php, Abruf am 29.07.2018.

ITIL.org (o. J.b): Information Security Management. URL: http://os.itil.org/de/vomkennen/itil/servicedesign/servicedesignprozesse/informationsecuritymanagement.php, Abruf am 29.07.2018.

ITIL.org (o. J.c): Problem Management. URL: http://os.itil.org/de/vomkennen/itil/serviceoperation/serviceoperationprozesse/problemmanagement.php, Abruf am 29.07.2018.

ITIL.org (o. J.d): Prozesse und Funktionen. URL: http://os.itil.org/de/vomkennen/itil/ueberblick/prozesseundfunktionen.php, Abruf am 29.07.2018.

ITIL.org (o. J.e): Release & Deployment Management. URL: http://os.itil.org/de/vomkennen/itil/servicetransition/servicetransitionprozesse/releasedeploymentmanagement.php, Abruf am 29.07.2018.

ITIL.org (o. J.f): Service Catalogue Management. URL: http://os.itil.org/de/vomkennen/itil/servicedesign/servicedesignprozesse/index.php, Abruf am 29.07.2018.

ITIL.org (o. J.g): Service Portfolio Management. URL: http://os.itil.org/de/vomkennen/itil/servicestrategy/ssprozesse/serviceportfoliomanagement.php, Abruf am 29.07.2018.

ITIL.org (o. J.h): Was ist ein Service? URL: http://os.itil.org/de/vomkennen/itil/ueberblick/service.php, Abruf am 29.07.2018.

Thaler T., et al. (2014): ITIL Process and Impact Analysis at Rabobank ICT. URL: https://www.tom-thaler.de/publications/Thaler2014_BPIChallenge.pdf, Abruf am 29.07.2018.